Inhalt

Unterschätzte Chance - die betriebliche Altersversorgung hat noch Potenzial

Kernthesen

Beitrag

Fallbeispiele

Weiterführende Literatur

Impressum

Unterschätzte Chance - die betriebliche Altersversorgung hat noch Potenzial

R.Reuter

Kernthesen

- Seit 2002 haben Arbeitnehmer einen gesetzlichen Anspruch auf betriebliche Altersversorgung (bAV).
- Nicht nur die Arbeitnehmer, sondern auch die Unternehmen profitieren von der bAV, da sie bei der Reduzierung von Lohnnebenkosten hilft und die Mitarbeiterbindung stärkt.
- Im Mittelstand liegt die Quote der Unternehmen, die eine bAV anbieten,

derzeit bei nur 47 Prozent. Besser sieht es bei Großunternehmen aus.

Beitrag

Die betriebliche Altersversorgung soll die bröckelnde gesetzliche Rentenversicherung entlasten, hat sich aber oft aus Unkenntnis noch nicht überall durchgesetzt.

Betriebliche Altersversorgung gestärkt seit 2002

Dass die Renten in Deutschland nicht ganz so sicher sind, wie es ein früherer Arbeitsminister gerne behauptete, hat zu vielfältigen Initiativen des Gesetzgebers geführt. Hierzu zählt die Stärkung der privaten Altersvorsorge etwa durch die so genannte Riester-Rente und die später konzipierte Rürup-Rente. Das dritte Standbein neben gesetzlicher und privater Rente ist die betriebliche Altersversorgung (bAV). Seit 2002 hat jeder Arbeitnehmer einen Anspruch auf die bAV, was aber nicht bedeutet, dass er vom Arbeitgeber Geld verlangen kann. Der Anspruch darf sich ausschließlich darauf richten, dass der Arbeitgeber mindestens eine von fünf Formen der betrieblichen Altersversorgung anbietet.

Die Einzahlungsbeträge muss der Arbeitnehmer prinzipiell selbst aufbringen. Allerdings steht es dem Unternehmen frei, Zuschüsse zu zahlen und sich damit an der Altersvorsorge der Belegschaft zu beteiligen. Alle Modelle, bei denen nur der Arbeitnehmer einzahlt, werden als Entgeltumwandlung bezeichnet. [1], [2], [3]

Vorteile für Arbeitnehmer

Für den Arbeitnehmer bietet die bAV einige Vorteile auch dann, wenn er keine Zuschüsse vom Arbeitgeber erhält. Besonders attraktiv wird die bAV durch die 2005 beschlossene, nachgelagerte Besteuerung. Die eingezahlten Beiträge sind hierdurch steuerfrei, was zu einem höheren Endbetrag und damit zu einer höheren Betriebsrente führt. Die Auszahlungsbeträge im Rentenalter müssen allerdings versteuert werden. Gegenüber der privaten Altersversorgung, die ja aus versteuertem Einkommen bezahlt werden muss, ist dies ein gewichtiger Pluspunkt für die bAV. [1], [2], [3]

Auch die Unternehmen profitieren

Auf den ersten Blick bedeutet die bAV für die

Unternehmen eine zusätzliche Belastung. Die Verpflichtung, den Arbeitnehmern eine der fünf Formen der bAV anzubieten, zieht insbesondere in den Personalabteilungen einen höheren Aufwand nach sich. Immer mehr setzt sich bei den Firmen aber die Erkenntnis durch, dass eine Betriebsrente, insbesondere wenn das Unternehmen freiwillig mit einzahlt, ein hervorragendes Instrument zur Mitarbeiterbindung darstellt. Dies wird umso wichtiger, da viele Branchen in Deutschland zunehmend unter Fachkräftemangel leiden. Fehlende Fachleute kosten die Bundesrepublik derzeit Schätzungen zufolge ein Prozent Wirtschaftswachstum jährlich, da Aufträge im Wert von 3,5 Milliarden Euro an ausländische Wettbewerber gehen. Im Personalmanagement spielt die Bindungswirkung einer betrieblichen Altersversorgung daher eine immer größere Rolle und wird von den Unternehmen gezielt bei der Rekrutierung geeigneten Nachwuchses eingesetzt. (4), (6)

Freiwillige Leistungen mindern die Nebenkosten

Derzeit gewinnt gerade die arbeitgeberfinanzierte bAV wieder zunehmend an Bedeutung. Einer aktuellen Umfrage zufolge sind vier von fünf Unternehmen davon überzeugt, die Mitarbeiterbindung durch die angebotene Form der bAV zu stärken. Zudem zahlen Firmen, die ihre Mitarbeiter bei der betrieblichen Altersvorsorge unterstützen, weniger Lohnnebenkosten. Doch auch bei der Entgeltumwandlung, die der Arbeitnehmer alleine trägt, spart das Unternehmen Lohnnebenkosten, da der bAV-Beitrag vom Bruttolohn abgezogen wird. (4), (6)

Fünf Durchführungswege

Der einfachste Weg einer betrieblichen Altersversorgung ist die **Direktversicherung.** Hierbei handelt es sich um eine normale Kapitallebens- oder Rentenversicherung, die aber nicht der Arbeitnehmer, sondern das Unternehmen abschließt. Nach einem ähnlichen Prinzip funktioniert die **Pensionskasse,** bei der der Rentenvertrag jedoch nicht mit einer Versicherung, sondern mit einer Versorgungseinrichtung geschlossen wird. In der Metall- und Elektroindustrie wurden solche Kassen speziell für die bAV eingerichtet. Der dritte Durchführungsweg ist der **Pensionsfonds.** Er darf das eingesammelte Geld stärker in Aktien anlegen mit allen möglichen negativen wie positiven Folgen.

Das höhere Risiko des Pensionsfonds hat dazu geführt, dass sich diese Form der bAV in Deutschland kaum durchgesetzt hat. Bei der **Direktzusage** sichert der Arbeitgeber seinem Mitarbeiter eine bestimmte Rentenhöhe im Alter zu. Dazu stellt der Betrieb regelmäßig Geld in der Bilanz zurück, was vom Staat in der Regel mit Steuer- und Sozialabgabenfreiheit begünstigt wird. Bei der **Unterstützungskasse** fließen die Pensionszahlungen der Unternehmen an eine gleichnamige Einrichtung, die die Geldanlage steuert. (2)

Es besteht Nachholbedarf

Völlig durchgesetzt hat sich die betriebliche Altersversorgung in Deutschland noch nicht. Eine Umfrage unter Angestellten in mittelständischen Betrieben hat ergeben, dass derzeit nur etwa 47 Prozent per bAV für das Alter vorsorgen. Lediglich sieben Prozent der Angestellten planen konkret, bis 2011 ein neues Altersvorsorgeprodukt zu kaufen. Hierbei spielt auch Unkenntnis eine Rolle: Vielen Arbeitnehmern ist gar nicht klar, dass sie einen Rechtsanspruch auf bAV besitzen. Zudem trägt die angespannte Arbeitsmarktsituation dazu bei, dass Arbeitnehmer ihren Anspruch nicht wahrnehmen, weil sie befürchten, den Chef damit zu verärgern.

Auch die steuerlichen Vorteile der bAV werden nicht immer voll genutzt. Fast 37 Prozent der Beschäftigten, die Entgelt in eine bAV umwandeln, schöpfen den steuerlichen Förderrahmen nur zu einem geringen Teil aus. Besonders verbreitet ist die bAV bei Großunternehmen: Hier beträgt die Quote der anbietenden Firmen 80 Prozent. (1), (5), (7)

Sicher in der Krise

Auch die betriebliche Altersversorgung bleibt von der Finanzkrise nicht unberührt, erweist sich aber als vergleichsweise sicher. Allerdings sind im schlimmsten Fall nur die eingezahlten Beiträge geschützt, während Zusatzerträge durch den Kapitalmarkt verloren gehen können. Garantiert werden die gezahlten Beiträge von den Unternehmen selbst, doch müssen sich die Arbeitnehmer auch bei einer Firmenpleite keine Sorgen machen. Für Direktzusagen, Unterstützungskassen- und Pensionsfondszusagen ist eine Insolvenzsicherung vorgeschrieben. Zudem springt im Notfall der Pensions-Sicherungs-Verein ein, kurz PSVaG. (3)

Leiharbeiter fallen durchs Raster

Ein Hindernis für die flächendeckende Verbreitung der bAV sind Zeitarbeitsverträge. Auch der Trend hin zu schnelleren Jobwechseln erschwert es den Arbeitnehmern, durch kontinuierliche Einzahlung zu einer gesicherten Betriebsrente zu kommen. Eine andere Hürde ist die in manchen Branchen zu beobachtende Tendenz, sich von Tarifverträgen unabhängig zu machen. Gerade die Entgeltumwandlung ist häufig Bestandteil einer tariflichen Einigung und kommt daher bei Unternehmen, die sich vom Arbeitgeberverband verabschieden, nicht mehr zum Tragen. (8)

Fallbeispiele

Ergo richtet sich neu aus

Die zum Münchener-Rück-Konzern gehörende Versicherungsgruppe Ergo hat ihr Geschäftsfeld bAV neu aufgestellt. Die Ergo People & Pensions GmbH heißt zukünftig Longial GmbH und wird eine eigene Maklergesellschaft gründen. Sie ermöglicht es dem Unternehmen, auch bAV-Produkte der Konkurrenz anzubieten. (10)

Weiterführende Literatur

(1) Döbler, Yvonne, Betriebliche Altersvorsorge - Chancen nutzen, Focus-Money, 27.08.2008, Nr. 36, S. 72-75
aus "Bestseller" Nr. 03/08 vom 01.03.2008 Seite: 56

(2) Vorsorgemodell nach Wahl
aus Süddeutsche Zeitung, 04.12.2008, Ausgabe Deutschland, Bayern, München, S. 23

(3) Altbewährt und krisenfest
aus Handelsblatt Nr. 247 vom 19.12.08 Seite 40

(4) Betriebliche Altersversorgung Ein Trumpf im "War for Talents" Immer mehr Unternehmen nutzen die betriebliche Altersversorgung als wirksames Instrument des Personalmanagements, um Fach- und Führungskräfte zu gewinnen und zu binden
aus DIE WELT, 05.06.2008, Nr. 130, S. WR7

(5) Wenn die Provision die Rente frisst
aus Süddeutsche Zeitung, 04.12.2008, Ausgabe Deutschland, Bayern, München, S. 23

(6) Betriebsrente stärkt Mitarbeiterbindung
aus Rheinische Post Nr. 226 vom 26.09.2008

(7) Chef als Zünglein an der Waage
aus Frankfurter Allgemeine Zeitung, 04.11.2008, Nr. 258, S. B6

(8) Geld für das Alter ist in Gefahr
aus Handelsblatt Nr. 213 vom 03.11.08 Seite b07

(9) Eher Last als Erleichterung
aus Handelsblatt Nr. 218 vom 10.11.08 Seite c06

(10) Ergo kooperiert mit der Konkurrenz
aus Handelsblatt Nr. 205 vom 22.10.08 Seite 26

Impressum

Unterschätzte Chance - die betriebliche Altersversorgung hat noch Potenzial

Bibliografische Information der deutschen Nationalbibliothek

Die Deutsche Nationalbibliothek verzeichnet diese Publikation in der deutschen Nationalbibliografie; detaillierte bibliografische Daten sind im Internet über http://dnb.d-nb.de abrufbar.

ISBN: 978-3-7379-0935-8

© 2015 GBI-Genios Deutsche Wirtschaftsdatenbank GmbH, Freischützstraße 96, 81927 München, www.genios.de

Alle Rechte vorbehalten. Dieses Werk ist einschließlich aller seiner Teile – z.B. Texte, Tabellen und Grafiken - urheberrechtlich geschützt. Jede Verwertung außerhalb der Grenzen des Urheberrechtsgesetzes bedarf der vorherigen Zustimmung des Verlags. Dies gilt insbesondere auch für auszugsweise Nachdrucke, fotomechanische

Vervielfältigungen (Fotokopie/Mikroskopie), Übersetzungen, Auswertungen durch Datenbanken oder ähnliche Einrichtungen und die Einspeicherung und Verarbeitung in elektronischen Systemen.